BEI GRIN MACHT SICH IHR WISSEN BEZAHLT

Strategische Unternehmensführung. Das Fallbeispiel Bodo Müller

Lukas Faria

Bibliografische Information der Deutschen Nationalbibliothek:

Die Deutsche Nationalbibliothek verzeichnet diese Publikation in der Deutschen Nationalbibliografie; detaillierte bibliografische Daten sind im Internet über http://dnb.d-nb.de abrufbar.

ISBN: 9783346423658
Dieses Buch ist auch als E-Book erhältlich.

Druck und Bindung: Books on Demand GmbH, Norderstedt Germany
Gedruckt auf säurefreiem Papier aus verantwortungsvollen Quellen

Das vorliegende Werk wurde sorgfältig erarbeitet. Dennoch übernehmen Autoren und Verlag für die Richtigkeit von Angaben, Hinweisen, Links und Ratschlägen sowie eventuelle Druckfehler keine Haftung.

Das Buch bei GRIN: https://www.grin.com/document/1019714

Deutsche Hochschule für

Prävention und Gesundheitsmanagement

Hermann Neuberger Sportschule 3

66123 Saarbrücken

Einsendeaufgabe

Fachmodul: Strategische Unternehmensführung II

Studiengang: Sportökonomie (Master)

Datum
Präsenzphase: 25.01.2021 – 28.01.2021

Name, Vorname: Faria, Lukas

Studienort: **München**

Semester: **Sommersemester 2020**

Inhaltsverzeichnis

1   Bodo Müllers Plan

Bodo Müller ist in Deutschland Marketing Direktor der Abteilung Vertrieb des österreichischen Unternehmens Gesundheits- und Medizintechnik AG, welches zu den weltweit größten und bedeutendsten Lieferanten der Gesundheitsindustrie gehört. Der deutsche Marktanteil liegt bei 30 % in den wichtigsten Produktkategorien. Trotz der guten wirtschaftlichen Lage konnte Bodo Müller Veränderungen des deutschen Marktes sowie der Kunden in ihrem Verhalten beobachten. Die folgende Arbeit beschäftigt sich mit seinem Plan zum Strategiewandel. Des Weiteren bezeichnet der Begriff „Unternehmen" in der folgenden Arbeit verschiedene Formen, wie zum Beispiel Organisation, Institution etc.

1.1   Gründe für den Wandel

Bodo Müller hatte verschiedene Gründe, weshalb er einen Wandel in der Gesundheits- und Medizintechnik AG initiieren wollte. Im Folgenden werden drei dieser Gründe dargestellt.

(1) Trotz der Bedeutung des deutschen Markts sind die erwarteten Wachstumsraten aus verschiedenen Gründen signifikant niedrig. Eine Ursache hierfür ist zum einen die allgemein geteilte politische Meinung einer weiteren Erhöhung der Gesundheitsausgaben entgegen zu wirken. Zum anderen werden das schon hohe Ausgabenniveau im Segment medizinische Geräte, das niedrige BIP-Wachstum und das geringe Bevölkerungswachstum als Gründe herangezogen.

(2) Ein zweiter Grund, der für den Wandel steht, ist die niedrige staatliche Finanzierung der Krankenhäuser, so dass bestehende Geräte primär instand gehalten und keine Investitionen in neue Geräte betätigt werden.

(3) Ein dritter Grund liegt schließlich in einer grundlegenden Verlagerung des Kaufverhaltens und der Entscheidungsfindung bei der Anschaffung medizinischer Geräte. Bis vor ein paar Jahren lag die Entscheidung für oder gegen einen Kauf medizinischer Geräte im Aufgabenbereich der Krankenhausärzte, die lediglich die Budgetbestätigung der Krankenhausadministration benötigten. Heutzutage hingegen nimmt der Einfluss der Krankenhausadministration verstärkt zu, so dass nun die Einkaufsabteilungen insbesondere aus ökonomischen Gründen für die einschlägigen Kaufentscheidungen zuständig sind.

1.2 Aspekte des Strategiewandels

Damit die Gesundheits- und Medizintechnik AG weiterhin wirtschaftliche Erfolge erzielen kann, ist Bodo Müller der Ansicht, dass sich aufgrund einer Veränderung des Markts und des Kaufverhaltens der Kunden die Marketingstrategie des Unternehmens ändern sollte. Hierbei soll sich das Unternehmen nicht mehr an die Bedürfnisse der Krankenhausärzte orientieren. Stattdessen sollte in Zukunft in den Verkauf und in das C-Level Marketing, das auf die Bedürfnisse und Herausforderungen der Krankenhausadministration (CEO, CFO, CIO) ausgerichtet ist, investiert werden.

Des Weiteren soll die Gesundheits- und Medizintechnik AG nach Bodo Müller ganzheitliche Lösungen präsentieren können, die die allgemeine Effizienz in Krankenhäusern verbessern würden. Nach einer schon längeren und intensiven Beobachtung dieser Entwicklung, hat Bodo Müller eine ausreichende Anzahl an Belegen und Fakten sammeln können, um einen Wandel zu initiieren.

Nachdem Bodo Müller beim vierteljährigen Treffen des Marketing-Boards anhand von Tabellen und Grafiken auf einer sachlichen Ebene harte, klare und überzeugende Fakten und Kennzahlen präsentierte, um seinen Plan zum Wandel auf motivierende Weise vorstellen vorzustellen, plante er schließlich ein geschäftsübergreifendes Projekt, das Ideen zu C-Level Marketing entwickeln sollte. Durch die Neubildung dieser Arbeitsgruppe erhofft sich Bodo Müller die Unterstützung aller Unternehmenseinheiten, so dass ein Teil deren Marketing-Budgets in das neue C-Level Marketing geht.

1.3 Barrieren und Widerstände

Im Folgenden werden vier mögliche Barrieren und Widerstände dargestellt, die dem von Bodo Müller initiierten Wandel entgegenstehen.

(1) Mangelnde Ressourcen: Der von Bodo Müller initiierte Wandel benötigt personelle und finanzielle Ressourcen, die ihm vielleicht nicht zur Verfügung stehen. Da die zukünftige Marketingstrategie eine neue Zielgruppe der Gesundheits- und Medizintechnik AG anspricht und die Umsetzung einen hohen Aufwand an Recherche und finanziellen Mitteln bedarf, könnten hierbei mangelnde Ressourcen eine Barriere für Bodo Müller darstellen.

(2) Unverständlichkeit der Strategie: Strategien sind in ihrer Formulierung für Mitarbeiter oftmals unverständlich, so dass eine aktive Auseinandersetzung mit der Strategie auf der Arbeitsebene in Bezug auf Inhalte, Vision und Mission beeinträchtigt oder gar verhindert wird (ControllingWiki, 2019). Folglich bildete eine mögliche Unverständlichkeit der Strategie von Bodo Müller eine Barriere gegen ihn, da sich die Mitarbeiter des Unternehmens nicht aktiv mit seiner Idee befasst haben.

(3) Lustlosigkeit und Fernbleiben sind Aspekte des non-verbalen und passivem Widerstands und folglich schwierig für Bodo Müller zu erkennen. Dies war im letzten Kickoff-Meeting zu beobachten, da nur die Hälfte der eingeladenen und bestätigten Teilnehmer an dem Treffen teilnahmen. Bei den Anwesenden konnte man zudem schnell den Eindruck gewinnen, nur ungern dabei zu sein. Zuletzt war auffällig, dass einige potenzielle Teilnehmer, trotz vorheriger Zusage, nicht erschienen sind und dadurch Widerstand gegen Bodo Müllers Strategieplan leisteten.

(4) Widerspruch: Hier kann es zu einem aktiven und verbalen Widerspruch kommen, da die aktuelle wirtschaftliche Lage der Gesundheits- und Medizintechnik AG gut und stabil ist und es für viele Mitarbeiter keinen Grund für Veränderungen gibt. Widersprüche können in Form von Gegenargumentationen, Vorwürfen oder gar eines sturen Formalismus durch die Mitarbeiter oder Vizepräsidenten gegen Bodo Müller auftreten, so dass dieser Widerstände dem Strategieplan entgegenwirken können.

2 Change Management

Unter Change Management ist eine laufende Anpassung von Unternehmensstrategien und -strukturen an veränderte Rahmenbedingungen zu verstehen (Schewe, 2018). Dabei umfasst das „Management von Change" die Planung, Organisation, Führung und Kontrolle der Initiierung, Konzipierung und Umsetzung von Veränderungen, damit Unternehmen weiterhin am Markt wettbewerbsfähig agieren können. Change Management bezeichnet somit also die Umsetzung einer strategischen Ausrichtung unter Anwendung verschiedener Methoden, Konzepte und Instrumente (Grolman & Zelesniack, o.J.).

2.1 Gründe für Scheitern

Eine dieser Methoden ist das sogenannte 8-Stufen Modell, das vom Change Management Experten John P. Kotter in den 90er-Jahren entwickelt wurde und eine erfolgreiche Durchführung des organisatorischen Wandels ermöglichen soll. Er vertritt die Auffassung, dass folgende acht Stufen (siehe Abb. 1) im Idealfall nacheinander durchlaufen werden müssen, um das Fehlschlagen des Wandels und häufige Fehler verhindern zu können (Diehl, 2020).

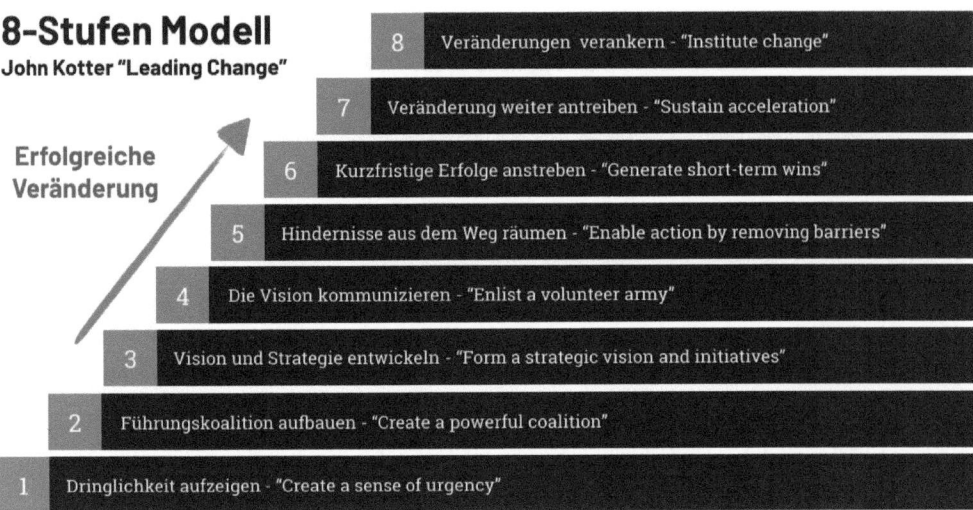

Abb. 1: 8-Stufen Modell nach Kotter (Diehl, 2020)

Im Folgenden werden vier Gründe für das Scheitern von Bodo Müllers initiierten Wandels anhand des 8-Stufen Modell aufgezeigt.

1. Grund: Zu viel Selbstgefälligkeit

Um Veränderungen in Gang zu setzen, braucht es einen Anlass, so dass ein gemeinsames Bewusstsein für die Dringlichkeit oder Attraktivität des Wandels geschaffen wird (Diehl, 2020). Bodo Müller präsentierte zwar bei dem vierteljährigen Treffen auf einer sehr sachlichen und verständlichen Ebene mit Hilfe von Fakten und Kennzahlen die aktuelle Situation und konnte seine Zuhörer davon überzeugen, jedoch ist er daran gescheitert, den Vizepräsidenten die dringende Notwendigkeit zum Wandel zu vermitteln und deutlich zu machen. Ersichtlich wurde dies, als die Vizepräsidenten zunächst zögerten ein Budget für seinen Plan einzuräumen und letztendlich ablehnten.

2. Grund: Fehlen einer ausreichend starken Führungskoalition

Im Anschluss werden Mitarbeiter aus dem Unternehmen gesucht, die eine gleiche oder ähnliche Wahrnehmung der Dringlichkeit aufweisen, eine gewisse Strahlkraft haben und Reputation im Unternehmen genießen (Diehl 2020). Ziel des zweiten Schrittes ist es, eine Führungskoalition zu bilden, die eine ausreichende Autorität und Reichweite aufweist, um den Wandel zu steuern und voranzutreiben. Bodo Müller rief eine Arbeitsgruppe ins Leben, die Vertreter aller Unternehmenseinheiten auf Arbeitsebene umfassen sollte. Wie sich allerdings beim ersten Kick-off-Meeting herausstellte, kam nur die Hälfte der eingeladenen und bestätigten Teilnehmer, die zudem noch ersichtlich ungerne dabei waren. Aufgrund dessen ist es Bodo Müller nicht gelungen, ausreichend Interesse bei den Marketing Vizepräsidenten zu wecken und dadurch ein starkes Leistungsteam zusammenzustellen.

3. Grund: Kraft der Vision wird unterschätzt

Im dritten Schritt des 8-Stufen Modells entwickelt die Führungskoalition eine zielführende Strategie und formuliert eine Vision und Zielvorstellung für die Zukunft. Denn eine klar formulierte Vision dient als Entscheidungsgrundlage, motiviert Menschen in die richtige Richtung aktiv zu werden, selbst wenn die ersten Schritte dorthin beschwerlich sind, und hilft, die Handlungen der einzelnen Abteilungen und Mitarbeiter schnell und effizient zu koordinieren (Gökce, 2014). Bei Bodo Müllers Aussage „Es muss etwas unternommen werden" fehlte ein klarer und ein struktureller Aufbau einer richtungsweisenden Vision, mit der sich die Mitarbeiter und insbesondere die Vizepräsidenten emotional hätten identifizieren können. Bodo Müllers Versuch der Wandelinitiierung scheiterte schließlich daran, dass keine klare Vision existierte.

4. Grund: Mangelnde Kommunikation der Vision

Eine Vision muss greifbar, verständlich und inspirierend sein, damit sie kommuniziert werden kann (Diehl, 2020). Da jedoch keine klare Vision durch Bodo Müller formuliert wurde, folgte keine Kommunikation im Unternehmen und führte zu einer wachsenden Skepsis gegenüber dem Projekt. Dies spiegelte sich im zweiten Treffen des Marketing-Boards, als ihn der Widerstand der Vizepräsidenten traf, wider, da die dringliche Notwendigkeit des Projekts nicht verstanden und akzeptiert wurde.

2.2 Veränderungen meistern

Die Rahmenbedingungen einer erfolgreichen Umsetzung großer Change-Projekte bietet das 8-Beschleuniger Modell, das auf dem 8-Stufen Modell nach Kotter aufbaut und zu diesem fünf Unterschiede aufweist. Zum einen sollten sich mehrere Mitarbeiter am strategischen Wandel beteiligen, um schneller und effizienter voranzukommen. Zum anderen müssen die Beteiligten Eigeninteresse an dem strategischen Wandel aufzeigen und die Erlaubnis haben ihn voranzubringen, um gemeinsam das Ziel zu erreichen. Des Weiteren müssen die Emotionen der Beteiligten angesprochen werden, da dies ihrer Arbeit mehr Sinn und Bedeutung verspricht. Darüber hinaus soll eine starke und kompetente Führung den Wandel anleiten, da es vor allem um Visionen, Chancen und Anerkennung geht (Kotter, 2015, S. 85-86). Zuletzt sollte die Organisation aus zwei Systemen bestehen, die in ständiger Dynamik miteinander harmonieren und zusammenarbeiten, damit die Organisation stets in einem gleichrangigen Verhältnis zur Strategie steht und ein ständiger Austausch von Informationen und Aktivitäten gewährleistet ist. Im Folgenden wird das 8-Beschleuniger Modell in Abb. 2 dargestellt und auf die Situation von Bodo Müller übertragen.

Abb. 2: Die acht "Beschleuniger" von Kotter (modifiziert nach Kotter, 2015, S. 88)

1. Gefühl der Dringlichkeit für eine bedeutende Chance wecken

Die Grundvoraussetzung für eine erfolgreiche Umsetzung des Strategiewandels ist, dass die Mehrheit der Mitarbeiter hinter den angestrebten Veränderungen steht und ein gemeinsames Bewusstsein für die Attraktivität des Wandels geschaffen wird (Diehl, 2020). Nach Gökce (2014) sollte deswegen der erste Schritt des Change Managements stets darin bestehen, die Mitarbeiter von der Notwendigkeit und Dringlichkeit der Veränderungen zu überzeugen und ihnen potenzielle Chancen und Risiken aufzuzeigen. Hierbei sollte nicht nur an den Verstand der Mitarbeiter, sondern vor allem auch an deren Emotionen appelliert werden (Gökce. 2014). Bodo Müller hätte nicht nur die Vizepräsidenten zum Kick-off-Meeting einladen sollen, sondern auch weitere wichtige Mitarbeiter, um sie alle nicht auf einer sachlichen Ebene anzusprechen, sondern emotional durch Aufzeigen der Chancen und Risiken von seinem Plan zu überzeugen.

2. Aufbau und Pflege einer lenkenden Koalition

Im zweiten Schritt ist es wichtig eine starke Führungskoalition zusammenzustellen, die die gesamte Organisation repräsentiert und eine gleiche oder ähnliche Wahrnehmung der Dringlichkeit hat (Gökce, 2014). Zudem muss sichergestellt werden, dass es einen guten Mix von Mitarbeitern aus verschiedenen Abteilungen und mit verschiedenen Kompetenzen gibt (Deutsche Telekom GmbH, o. J.). Bodo Müller hätte nicht nur potenzielle Mitarbeiter auswählen dürfen, vielmehr müsste er Mitarbeiter aus verschiedenen Unternehmensbereichen- und ebenen, wie beispielsweise Führungskräfte mit ausreichend Machtbefugnissen und Führungsqualitäten, ansprechen und von seiner Idee überzeugen.

3. Formulierung einer strategischen Vision und Entwicklung von Change-Initiativen

Nach Diehl (2020) muss nun in der Führungskoalition gemeinsam eine Strategie entwickelt und eine Vision formuliert werden, um das Ziel zu erreichen. Denn ein übergeordnetes Ziel für das Unternehmen hilft bei der Umsetzung des Wandels (Deutsche Telekom GmbH, o. J.). Bodo Müller hätte zusammen mit der Arbeitsgruppe eine klare Vision und Strategie erarbeiten müssen. Stattdessen gab er ihnen seine Strategie vor, so dass sich niemand mit seinem Plan identifizieren konnte.

4.Kommunikation der Vision und der Strategie

Die im letzten Schritt entwickelte Vision muss in der gesamten Organisation verbreitet werden, mit dem Ziel, die Akzeptanz und das Engagement der Mitarbeiter zu gewinnen (Gökce, 2014). Die Vision und darauf aufbauenden Strategien müssen greifbar, verständlich sowie inspirierend sein und jedem Mitarbeiter muss klar werden, welche Bedeutung die Vision hat und wo sie hinführen soll (Diehl, 2020). Eine ehrliche, offene und authentische Visionskommunikation durch Bodo Müller hätte die Glaubwürdigkeit und das Vertrauen erhöht und anfallende Widerstände seitens der Vizepräsidenten verringert.

5. Beseitigung von Hindernissen

Widerstände und Hindernisse sind Teil jeder Veränderung und können in vielen Formen auftreten (Diehl, 2020). Um dies zu verhindern, müssen die innerbetrieblichen Strukturen und Systeme an die Anforderungen der neuen Vision und Strategie angepasst werden, um die Mitarbeiter handlungsfähig zu machen (Gökce, 2014). Nach Diehl (2020) ist es in dieser Phase entscheidend Widerstände ernst zu nehmen, da diese wertvollen Hinweise enthalten können und Mitarbeiter etwas bewahren wollen, das tatsächlich schützenswert ist. Im Falle Bodo Müllers hätte er die Skepsis seitens der Vizepräsidenten, die ihm trotz Vortrag kein Budget zur Verfügung stellten, berücksichtigen und das Mistrauen gegenüber seiner Idee beseitigen müssen.

6. Zelebrieren von schnellen, bedeutenden Erfolgen

Um die Motivation und das Bewusstsein für Dringlichkeit aller Beteiligten aufrecht zu halten, sollten kurzfristige Ziele geplant und bei Erreichen entsprechend gewürdigt werden (Gökce, 2014). Schnelle Erfolge haben zudem den positiven Effekt, das Vertrauen der Menschen in die Veränderung zu stärken (Diehl, 2020). Bodo Müller hat in seiner Arbeitsgruppe das Ziel auf drei Monate gesetzt. Jedoch wurden nach dieser Zeit keine Ergebnisse dokumentiert, die nach kleineren Zeitvorgaben, wie beispielsweise Wochenziele, einfacher und schneller hätten erzielt werden können.

7. Nicht nachlassen, weitere Veränderungen weiterführen

Die durch die kurzfristigen Erfolge geschaffene Glaubwürdigkeit muss nun gezielt genutzt werden, um weitere und größere Veränderungsprojekte in Angriff zu nehmen (Diehl, 2020). Des Weiteren sollten nach Gökce (2014) weitere Personengruppen in den Veränderungsprozess involviert werden und die Führungskoalition sollte dafür Sorge tragen. die Dringlichkeit, Transparenz und den Fokus aufrechtzuhalten. Bodo Müller hätte also nicht nachlassen dürfen, die Vizepräsidenten von seinem Plan zu überzeugen und sie dadurch zu motivieren. Er hätte stattdessen in kurzen regelmäßigen Zeitabschnitten emotionalen Einfluss auf die Arbeitsgruppe ausüben sollen, so dass sie in das Geschehen der Veränderung miteinbezogen werden, wodurch eine erhöhte Glaubwürdigkeit entsteht.

8. Institutionalisierung des strategischen Wandels in der Unternehmenskultur

Schließlich gilt es die Strategie und gemeinsamen Werte in der Unternehmenskultur zu verankern und regelmäßig zu kommunizieren, um weiterhin nachhaltig agieren zu können (Diehl, 2020). Darüber hinaus sollte sichergestellt werden, dass neue Mitarbeiter und aufstrebende Führungskräfte an die neue Ausrichtung glauben und diese nach außen hin verkörpern (Gökce, 2014). Das ursprüngliche geplante Versuchsprojekt müsste nun durch Bodo Müller als eine festes Marketing- und Wandelkonzept in das Unternehmen integriert werden, das erst als Erfolg dokumentiert werden kann, wenn es generationsübergreifend implementiert wird.

3 Strategieimplementierung

Bei der Strategieimplementierung handelt es sich um einen Teil des strategischen Managementprozesses und um die Ausgestaltung von Strategieplänen in konkrete Maßnahmen als Vorbereitung für die eigentliche Realisierung und umfasst damit alle Aktivitäten, die zur Absicherung, Umsetzung und Durchsetzung einer geplanten Strategie beitragen (ControllingWiki, 2019).

Allgemein wird die konkrete Strategieimplementierung in zwei Teilphasen unterteilt: die Durchsetzungs- und Umsetzungsphase.

3.1 Durchsetzung

In der Strategiedurchsetzungsphase geht es um verhaltensorientierte Aspekte und primär um die Schaffung notwendiger Akzeptanz bei allen Mitarbeitern (examio GmbH, o. J.). Möglichkeiten im Rahmen der Durchsetzung von Strategien werden in der folgenden Tabelle dargestellt.

Tab. 1: Durchsetzung: verhaltensbezogene Aufgaben (eigene Darstellung)

Maßnahmen		
1. Vermittlung	2. Einweisung	3. Schaffung eines strategiebezogenen Konsenses
• Meeting mit allen beteiligten Vizepräsidenten zur Erläuterung seines Plans	• Schulungen für alle Beteiligten hinsichtlich strategiebezogener Qualifikationen	• Gemeinsame Zielformulierung und Förderung der Kommunikation

Um eine Strategie in einem Unternehmen zu implementieren, ist eine direkte Vermittlung, eine aktive Unterstützung und das Verständnis aller Mitarbeiter notwendig. Das bedeutet, dass alle Mitarbeiter die Strategie verinnerlichen und ihre tägliche Arbeit so durchführen müssen, dass der Erfolg der Strategie gesichert ist (Kaplan et al., 2001. S:13). Im Falle Bodo Müllers wäre es nötig gewesen, wenn er anstatt eines sachlichen Vortrags anhand von „nackten" Fakten und Kennzahlen, ein Meeting mit den Vizepräsidenten und Mitarbeitern der Gesundheits- und Medizintechnik AG geführt hätte. Dadurch hätte Bodo Müller seine Strategie auf einer emotionalen Ebene direkt vermitteln und durch regelmäßiges Wiederholen der dringlichen Notwendigkeit des Wandels die Akzeptanz der Vizepräsidenten gewinnen können.

Schulungen und Seminare sollen die Mitarbeiter im Prozess der Strategieimplementierung weiterbilden und für neue Herausforderungen unterrichten, da Veränderungsprozesse sowohl von den Mitarbeitern als auch von den Führungskräften entsprechende Entscheidungsmuster und Handlungen fordern. Mithilfe eines angepassten Lern- und Fortbildungssystems kann die Gesundheits- und Medizintechnik AG Unsicherheiten und Ungewissheiten bei den Beteiligten mindern oder sogar beseitigen.

Damit keine Bereichsziele oder persönlichen Ziele mit den strategischen Zielen während der Strategieumsetzung in Konflikt raten, sollte die Gesundheits- und Medizintechnik AG mit ihren Mitarbeitern darüber sprechen, welche Zielkonflikte möglicherweise auftreten und wie sie dagegen agieren können. Zudem sollte man Regeln vereinbaren, wie das Unternehmen mit Zielkonflikten umgeht. Dafür eignen sich wöchentliche Meetings und persönliche Gespräche zwischen Angestellte und Abteilungsleiter sowie Abteilungsleiter und Führungskräften sehr gut.

3.2 Umsetzung

Die Phase der Umsetzung der Strategie befasst sich mit dem Bereitstellen und der Konkretisierung der benötigten Ressourcen und kann somit als sachorientiert bezeichnet werden (examio GmbH, o. J.). Möglichkeiten im Rahmen der Umsetzung von Strategien werden in der folgenden Tabelle visualisiert.

Tab. 2: Umsetzung: sachbezogene Aufgaben (eigene Darstellung)

Aufgaben		
1. Transformation	2. Anpassung der Unternehmenspotentiale	3. Motivierung
• Vollständige Transformation in alle Marketingbereiche nach spätestens 18 Monaten	• Einführung von wöchentlichen operativen und strategischen Review-Meetings	• Motivierung und Mobilisierung der Mitarbeiter durch eine verbesserte Unternehmenskultur

Sobald die Strategie formuliert wurde, muss diese in Ziele und Maßnahmen umgesetzt werden, so dass die Strategie allen Mitarbeitern verständlich kommuniziert werden kann (Mayer, 2020). Die Strategielandkarte ist ein leistungsstarkes Werkzeug zur Visualisierung der Strategie als Kette von Ursache-Wirkungs-Beziehungen zwischen strategischen Zielen (Mayer, 2020). Mit Hilfe der Balanced Scorecard kann Bodo Müller an diese strategischen Ziele mit Ergebniskennzahlen, Zielwerten, Frühindikatoren und Initiativen anknüpfen. Im Anschluss muss das Unternehmen mit Bodo Müller einen operativen Plan entwickeln, der die Maßnahmen zur Erreichung der strategischen Ziele beschließt und die Festlegung von Prioritäten für Projekte definiert (Mayer, 2020).

Wenn die Gesundheits- und Medizintechnik AG ihre strategischen und operativen Pläne umsetzen will, sollten im Rahmen des Managementsystems operative Review-Meetings wöchentlich oder sogar täglich einberufen werden, in denen die Leistung der operativen Abteilungen und/oder Teams sowie laufender Projekte überprüft und aufgetretene oder anhaltende Probleme behandelt werden (Mayer, 2020). Daneben sollten strategische Review-Meetings abgehalten werden, in denen Ergebniskennzahlen entlang der Balanced Scorecard überprüft werden, um Fortschritte zu bewerten und Hindernisse für die Strategieumsetzung zu ermitteln (Mayer, 2020).

Das größte Hindernis auf dem Weg zur Erreichung strategischer Ziele sind die vielen kleinen Ablenkungen des Alltags, so dass es besonders schwierig ist, im ganzen Unternehmen eine Kultur der Zielstrebigkeit zu etablieren (Mayer, 2020). Die Gesundheits- und Medizintechnik AG kann die Unternehmenskultur mit Hilfe der „vier Disziplinen der effektiven Umsetzung" sehr greifbar und konkret machen, die nach Mayer (2020) wie folgt umzusetzen sind:

- Disziplin der **Fokussierung**: Konzentrieren Sie sich auf ein oder zwei vorrangige strategische Ziele
- Disziplin der **Klarheit**: Definieren Sie Frühindikatoren. Diese können von Ihren Teammitgliedern tatsächlich beeinflusst werden, und sie haben Prognosekraft hinsichtlich der Zielerreichung.
- Disziplin des **Engagement**s: Es ist wichtig, Arbeitsfortschritte zu dokumentieren und gut sichtbar aufzuhängen. Das hat einen positiven Effekt auf die Leistung Ihrer Mitarbeiter.
- Disziplin der **Verantwortlichkeit**: Jeder Einzelne verpflichtet sich gegenüber dem gesamten Team zur Zielerreichung. Die konsequente Einhaltung dieses Versprechens wird in kurzen Abständen regelmäßig und diszipliniert – gemeinsam und ohne „finger-pointing" – verfolgt.

4 Balanced Scorecard

Die Balanced Scorecard ist ein Verbindungsglied zwischen Strategiefindung und -umsetzung und stellt ein Konzept dar, in dem die traditionellen finanziellen Kennzahlen durch eine Kunden-, eine interne Prozess- und eine Lern- und Entwicklungsperspektive ergänzt werden (Weber, 2018). Eine Balanced Scorecard entsteht unter anderem durch den ersten Schritt der Bildung von sogenannten Ursache-Wirkungsketten.

Ziel der Balanced Scorecard ist es, einerseits ein Informationssystem als Grundlage für die Planung und Steuerung des Unternehmens darzustellen, um so dem Management einen schnellen, aber sinnvollen Überblick über den Geschäftsablauf zu vermitteln (Wirtschaftslexikon24, 2017). Andererseits sichert die Vorgehensweise im Rahmen der Erstellung einer Balanced Scorecard, dass von oberster Managementebene formulierte Strategien auf allen organisatorischen Ebenen mit dem jeweils erforderlichen Konkretisierungsgrad umgesetzt werden (Wirtschaftslexikon24, 2017).

Im Folgenden wird die Implementierung von Bodo Müllers Strategie anhand des Konzepts der Balanced Scorecard geplant.

4.1 Ursache-Wirkungskette

Abb. 3: Ursache-Wirkungskette der Gesundheits- und Medizintechnik AG (eigene Darstellung)

Die oben dargestellte Ursache-Wirkungskette wird in ihrer Konstruktion so abgebildet, da alle Perspektiven aufeinander aufbauen. Dies bedeutet, dass jede einzelne Perspektive zugleich Ursache der darauffolgenden und Wirkung der vorherigen Perspektive ist.

Bezogen auf den Fall Bodo Müllers ist die Lern- und Entwicklungsperspektive die Grundlage der Ursachen-Wirkungskette, weil die Gesundheits- und Medizintechnik AG durch den wirtschaftlichen Wandel ihre Vision neu gestalten muss. Damit dies gelingt, müssen zunächst die Mitarbeiter auf den Wandel mit Hilfe von Schulungen, Seminare und Fortbildungen vorbereit und unterrichtet werden. Zudem muss sich das Unternehmen, wie die Perspektive schon aussagt, neu entwickeln, bevor es die nächsten Schritte machen kann. Als oberstes Ziel steht die Finanzperspektive mit den Kategorien Umsatz- und Gewinnmaximierung sowie Kostenreduktion.

Die fünfte Perspektive zur Strategieimplementierung lautet Kommunikationsperspektive. Diese Perspektive steht an zweiter Stelle der Ursache-Wirkungskette und gibt vor, dass Kommunikationswege digitalisiert und direkte, schnelle sowie einfache Kommunikationswege neu entwickelt werden müssen. Sie gibt die ausschlaggebende Verbindung zwischen der Lern- und Entwicklungsperspektive und der Prozessperspektive, da nur die neuen Prozesse und Marketingstrategien umgesetzt werden können, wenn die verschiedenen Unternehmensbereiche auf direktem Weg miteinander kommunizieren und arbeiten können.

4.2 Festlegung Ziele, Kennzahlen, Vorgaben und Maßnahmen

In der folgenden Tabelle werden für jeden der fünf einzelnen Perspektiven Ziele, Kennzahlen, Vorgaben und Maßnahmen in Bezug auf die Gesundheits- und Medizintechnik AG dargestellt.

Tab. 3: Strategieoperationalisierung (eigene Darstellung)

	Ziel	Kennzahl	Vorgabe	Maßnahmen
Finanzperspektive	Das Unternehmen soll eine jährliche Umsatzsteigerung erzielen.	Umsatzsteigerung	Umsatzsteigerung um 20 % in den nächsten vier Jahren	• Anzahl an fremden Kapitalgeber reduzieren • Neukundenakquise betreiben
Kundenperspektive	Das Unternehmen soll langfristig der beste Anbieter auf dem Gesundheitsmarkt sein.	Kundenbindung	Kundentreue erhöhen, so dass die Fluktuationsquote im nächsten Jahr um 20 % sinkt.	• Entsprechende Qualifizierung des Personals durch Schulungen und Fortbildungen • Aufbau eines Beschwerdemanagements • Kundenbefragungen zur Kundenzufriedenheit
Prozessperspektive	Das Unternehmen stimmt seine Angebote perfekt auf den Kunden ab.	Beschwerdemanagement	Die durchschnittliche Reaktionszeit beträgt maximal eine Woche.	• Optimierung von Marketingprozessen • Prozessflexibilität in der Kundenberatung
Kommunikationsperspektive	Das Unternehmen arbeitet stets mit einem perfekten Kommunikationssystem.	Intranet	Nutzung des Intranets von mindestens 50 % der Mitarbeiter nach sechs Monaten	• Ausbau des Intranets • Entwicklung von weiteren digitalen Kommunikationskanälen
Lern- und Entwicklungsperspektive	Das Unternehmen hat die kompetentesten Mitarbeiter auf dem Gesundheitsmarkt.	Anzahl von Fortbildungen und Meetings	Pro Mitarbeiter: • Zwei Meetings pro Woche • Zwei Fortbildungen pro Jahr	• Kostenübernahme der Fortbildungen durch den Arbeitgeber • Befragung der Mitarbeiterzufriedenheit zur Mitarbeiterbindung

19/27

5   Unternehmensethik

In den folgenden Teilaufgaben wird das amerikanische Technologie-Unternehmen Apple dargestellt, bei dem aufgrund eines öffentlich bekannten Problems bzw. Skandals ein wertekonformes Verhalten nicht ersichtlich war.

5.1 Praxisbeispiel

Der größte Skandal, den Apple in seiner Unternehmenshistorie erleben musste, war zweifellos „Battery Gate" im Dezember 2017.

Dieser Skandal begann damit, als ein Benutzer auf der „social news website" namens Reddit berichtete, dass ein Software-Update die Leistung seines iPhones gemindert hätte. Dieser Beitrag erhielt viel mediale Aufmerksamkeit und einige Kommentatoren vermuteten, Apple würde Benutzer zum Kauf neuer Telefone zwingen, indem es Geräte im Laufe der Zeit absichtlich verlangsamte (Hall-Smith, 2019). Apple erklärte, die Maßnahme sei nötig gewesen, damit sich die Telefone nicht plötzlich abschalten, wenn ein angeschlagener oder älterer Akku nicht genug Strom für die Spitzenleistung des Prozessors liefern kann (Kessler, 2020). In Folge wurden schnell mehrere Verbraucherklagen gegen den Konzern eingereicht, in denen die Kläger unter anderem argumentierten, dass ein Batteriewechsel viel günstiger sei als der Kauf eines neuen Geräts (Kessler, 2020). Als Zeichen des guten Willens bot das Unternehmen betroffenen Kunden einen Rabatt auf Ersatzbatterien an und informierte ihre Nutzer nun ausführlicher über den Zustand der Akkus (Hall-Smith, 2019).

5.2 Unternehmenswerte

In der folgenden Tabelle werden die für das Unternehmen geltenden Werte dargestellt.

Tab. 4: Unternehmenswerte von Apple (eigene Darstellung)

Apple		
Vision	Mission	Grundwerte
Wir wollen die besten Produkte der Welt herstellen und die Welt besser hinterlassen, als wir sie vorgefunden haben.	Das Unternehmensziel von Apple ist es, Studenten, Lehrern, Designern, Wissenschaftlern, Ingenieuren, Geschäftsleuten und Verbrauchern in über 140 Ländern der Welt die besten Personal-Computing-Produkte und Unterstützung zu bieten.	• Zugänglichkeit • Bildung • Umwelt • Integration und Vielfalt • Datenschutz und Sicherheit • Verantwortung von Zulieferern • Vertrauen in das Unternehmen

Quelle: Rowland, 2020

5.3 Wertebruch

Aufgrund des „Battery Gate" Skandals verstieß das Unternehmen Apple zunächst gegen seine Vision, da Apple sich das Ziel gesetzt hat, die besten Produkte der Welt herzustellen.

Jedoch produzierten sie Smartphones mit älteren Akkus, die die Leistung der damals eingebauten Prozessoren nicht bieten konnten. Somit lieferte das Unternehmen fehlerhafte Produkte bzw. Produkte mit einer verringerten Qualität auf den Markt, wohingegen die Konkurrenz, wie beispielsweise Samsung oder LG, hochqualitative Endgeräte ihren Kunden und Usern angeboten haben. Ihre Vision, Marktführer durch den Verkauf der besten Produkte der Welt zu werden, haben sie in Folge deutlich verfehlt.

Die Mission wurde ebenfalls durch den Skandal verletzt, da auch hier Apple sich vorgenommen hat, Nutzern von Software-Endgeräten die besten Produkte anzubieten und sie mit Hilfe ihrer Produkte in ihrer täglichen Arbeit zu unterstützen. Jedoch kann nicht davon ausgegangen werden, dass ein technisches Gerät mit absichtlich gedrosselter Leistung die Kunden von Apple zufrieden stellt.

Apple hat schließlich durch den Skandal aus dem Jahr 2017 gegen zwei Unternehmensgrundwerte verstoßen. Zum einen haben die Kunden und IOS-Nutzer das Vertrauen in den Tech-Riesen stark verloren, da das Unternehmen aktiv die Leistung der teuren Endgeräte durch Software-Updates drosselt und dadurch die Qualität und Produktivität des Geräts für den Endverbraucher ohne jegliches Einverständnis seitens der Käufer mindert.

Zum anderen verfolgte Apple den Plan, so Kritiker, dass ihre Kunden aufgrund der sinkenden Prozessorleistung neue Produkte des Unternehmens kaufen würden, um folglich den Umsatz und die Abschlagszahlen zu erhöhen. Apple hingegen wies dies ab und veröffentlichte in einem Statement, dass das Update nötig wäre, da sonst das Gerät dazu neigt hätte, durch Überlastung der veralteten Batterie herunterzufahren. Trotz alledem stellt eine verstärkte Herstellung neuer Endgeräte und die Entsorgung alter Produkte eine erhöhte Umweltbelastung dar, weil für die Produktion neuer Smartphones viele wertvolle Rohstoffe benötigt werden, die unmenschlichen und gefährlichen Bedingungen abgebaut werden müssen. Dazu gehören Metalle wie Eisen, Kupfer, Aluminium, Nickel und Zink sowie weitere Stoffe wie Indium, Tantal und Gold, das zum Beispiel im Vergleich zu Stahl, ein Vielfaches an Treibhausgas-Emissionen verursacht (Bundesministerium für Umwelt, Naturschutz und nukleare Sicherheit, 2020). Zudem werden die Rohstoffe zum Teil unter problematischen Umständen gefördert. Um an Metalle zu gelangen, werden oft Lebensräume zerstört, da in manchen Abbauregionen Urwälder gerodet oder Berge gesprengt werden, um Tagebaue anzulegen (Bundesministerium für Umwelt, Naturschutz und nukleare Sicherheit, 2020). Damit Edelmetalle aus dem Gestein gelöst werden können, werden giftige Stoffe verwendet, die in die Gewässer gelangen können.

5.4 Konsequenzen

In der folgenden Tabelle werden mögliche bzw. tatsächliche Konsequenzen des nichtwertekonformen Verhaltens für zwei interne sowie zwei externe Stakeholder von Apple veranschaulicht.

Tab. 5: Konsequenzen des nicht-wertekonformen Verhaltens (eigene Darstellung)

Konsequenzen	Interne Stakeholder	Anteilseigner	Eine Folge des Skandals für Apple ist eindeutig der Imageverlust und das gesunkene Ansehen. Jeder Skandal ist mit einem Imageverlust und dergleichen verbunden, da das Unternehmen in keinem guten Licht in solchen Zeiten steht. Da jedoch für die Geschäftsführer und Anteilseigner ein gutes Image von hoher Bedeutung ist und die Unternehmenspositionierung mit dem Ansehen in Verbindung steht, trug der Skandal Konsequenzen für die Anteilseigner mit sich. Zum einen mussten sie dafür sorgen, dass es nicht zu einem internen Vertrauensverlust seitens der Mitarbeiter kommt. Zum anderen bestand ihre Aufgaben nun darin, das geschwächte Image des Unternehmens zu stabilisieren und erneut aufzubauen.
		Mitarbeiter	Die Mitarbeiter von Apple wurden möglicherweise durch diesen Skandal mental verletzt, da sie das Image und die Unternehmenskultur aktiv unterstützen und leben. Sie sind aufgrund der Beschäftigung mit dem Unternehmen emotional verbunden und fühlen sich bei der Gestaltung der Unternehmensethik mitverantwortlich. Bei der Veröffentlichung des Skandals haben möglicherweise ein Teil der Mitarbeiter das Vertrauen in ihren Arbeitgeber verloren, so dass es zu Kündigungen und internen Beschwerden kam.
	Externe Stakeholder	Kunden	Wegen des Skandals verlor ein großer Teil der Kunden ihr Vertrauen in Apple, da es so schien, als würde das Unternehmen ihre Kunden absichtlich zu weiteren Käufen leiten, indem sie ihre aktuellen Geräte verlangsamen. Des Weiteren hat sich das positive Image, das sich Apple über die vielen Jahre aufbaute, verschlechtert, so dass sie Kunden an die Konkurrenz verloren haben.
		Fremdkapital-geber	Die von Apple aufgestellte Anspruchsgruppe „Fremdkapitalgeber" beinhaltet zum Beispiel private und institutionelle Investoren, Aktionäre, Banken und Finanzanalysten. Generell konnte man feststellen, dass die Apple Aktie zu dieser Zeit geschwächt wurde. Dieser Einfall in die Apple Aktie führte dazu, dass Investoren und Aktionäre unsicher waren und ihre Aktien verkauften, so dass der Aktienwert schwankte und sich erst nach einem knappen halben Jahr davon erholte.

6   Literaturverzeichnis

Bundesministerium für Umwelt, Naturschutz und nukleare Sicherheit. (13. Februar 2020). *Handyproduktion – Umweltfolgen und Arbeitsbedingungen.* Zugriff am 24.02.2021. Verfügbar unter https://www.umwelt-im-unterricht.de/hintergrund/handyproduktion-umweltfolgen-und-arbeitsbedingungen/

ControllingWiki. (16. August 2019). *Barrieren der Strategieimplementierung.* Zugriff am 03.02.2021. Verfügbar unter https://www.controlling-wiki.com/de/index.php/Barrieren_der_Strategieimplementierung#Unverst.C3.A4ndlichkeit_der_Strategie_als_Implementierungsbarriere

ControllingWiki. (19. August 2019). *Strategieimplementierung.* Zugriff am 11.02.2021. Verfügbar unter https://www.controlling-wiki.com/de/index.php/Strategieimplementierung

Diehl, A. (November 2020). *Kotter Change Management – Ein 8 Stufen Modell für erfolgreiche Veränderungen.* Zugriff am 06.02.2021. Verfügbar unter https://digitaleneuordnung.de/blog/kotter-modell/

Dietrich, F. (17. April 2019). *Der Unterschied zwischen Vision, Mission und Leitbild .* Zugriff am 05.02.2021. Verfügbar unter https://www.dietrichid.com/wissensartikel/der-unterschied-zwischen-vision-mission-und-leitbild/

examio GmbH. (o. J.). *Strategieimplementierung.* Zugriff am 11.02.2021. Verfügbar unter https://www.ingenieurkurse.de/unternehmensfuehrung-ingenieure/fuehrungsarten/strategische-fuehrung/unternehmensstrategien/strategiebildung-und-strategieimplementierung/strategieimplementierung.html

Gökce, K. (12. Februar 2014). *Erfolgreiches Change Management mit Kotters 8-Stufen-Modell.* Zugriff am 06.02.2021. Verfügbar unter https://www.evolutionizer.com/blog/change-management-kotters-8-stufen-modell

Grolman, F., & Zelesniack, E. (o. J.). *Change Management Definition: Was ist Change Management?* Zugriff am 05.02.2021. Verfügbar unter https://organisationsberatung.net/change-management-definition-was-ist-change-management/

Hall-Smith, W. (01. April 2019). *Die 10 größten Unternehmensskandale und wie sie die Aktienkurse beeinflussten.* Zugriff am 21.02.2021. Verfügbar unter https://www.ig.com/de/nachrichten-und-trading-ideen/aktien-news/die-10-groessten-unternehmensskandale

Kaplan, R. S., Norton, D. P. & Horváth, P. (2001). *Die strategiefokussierte Organisation. Führen mit der balanced scorecard.* Stuttgart: Schäffer-Poeschel.

Kessler, N. (19. November 2020). *Apple: Bewegung im Batterie-Streit.* Zugriff am 21.02.2021. Verfügbar unter https://www.deraktionaer.de/artikel/aktien/apple-bewegung-im-batterie-streit-20220975.html

Kotter, J. P. (2015). Die Kraft der zwei Systeme. *Harvard Business Manager* (Spezial), 80-93.

Mayer, V. (27. Februar 2020). *Übergang von Strategieentwicklung zur Strategieimplementierung.* Zugriff am 13.02.2021. Verfügbar unter https://www.strimgroup.com/blog/uebergang-strategieentwicklung-strategieimplementierung/

Rowland, C. (23. September 2020). *Apple Inc.'s Mission Statement and Vision Statement (An Analysis).* Zugriff am 22.02.2021. Verfügbar unter http://panmore.com/apple-mission-statement-vision-statement

Schewe, G. (14. Februar 2018). *Change Management.* Zugriff am 05.02.2021. Verfügbar unter https://wirtschaftslexikon.gabler.de/definition/change-management-28354/version-251986

Schumann, O. (2020). *Studienbrief - Strategische Unternehmensführung II* (rev.23.032.000). Saarbrücken: Deutsche Hochschule für Prävention und Gesundheitsmanagement.

Telekom Deutschland GmbH. (o. J.). *Change Management: 8 Phasen nach John P. Kotter*. Zugriff am 08.02.2021. Verfügbar unter https://digitaler-mittelstand.de/business/ratgeber/change-management-8-phasen-nach-john-p-kotter-7090

Weber, J. (20. Februar 2018). *Balanced Scorecard*. Zugriff am 15.02.2021. Verfügbar unter https://wirtschaftslexikon.gabler.de/definition/balanced-scorecard-28000/version-251640

Wirtschaftslexikon24. (o. J.). *Balanced Scorecard (BSC)*. Zugriff am 15.02.2021. Verfügbar unter http://www.wirtschaftslexikon24.com/d/balanced-scorecard-bsc/balanced-scorecard-bsc.htm

7 Abbildungs- und Tabellenverzeichnis

7.1 Abbildungsverzeichnis

7.2 Tabellenverzeichnis